Questo libro
appartiene a:

Benvenuti nel mondo delle

TeaSisters

Tea

Ciao, io sono Tea Stilton, la sorella di Geronimo Stilton! Sono l'inviata speciale dell'Eco del Roditore, il giornale più famoso dell'Isola dei Topi. Amo molto i viaggi e mi piace conoscere persone di tutto il mondo, come le Tea Sisters: sono cinque amiche davvero in gamba! Ve le presento!

Paulina

Altruista e solare, ama viaggiare e conoscere gente di tutto il mondo. Ha un vero talento per la tecnologia e i computer.

Pamela

È un'abile meccanica: datele un cacciavite e aggiusterà tutto! È golosa di pizza, che mangerebbe a ogni ora, e ama cucinare.

Colette

Ha una vera passione per vestiti e accessori, soprattutto di colore rosa. Da grande vorrebbe diventare una giornalista di moda.

Nicky

Viene dall'Australia ed è molto appassionata di sport, ecologia e natura. Ama vivere all'aria aperta e non sta mai ferma!

Violet

Ama molto leggere e conoscere cose sempre nuove. Le piace la musica classica e sogna di diventare una famosa violinista!

Vuoi essere una Tea Sister?

....

mi piace ....
....
....
....
....
....

Testi di Tea Stilton
Coordinamento testi di Chiara Richelmi / Atlantyca S.p.A.
Collaborazione editoriale di Carolina Capria e Mariella Martucci

Coordinamento editoriale di Daniela Finistauri
Editing di Sofia Scartezzini

Art director: Iacopo Bruno
Copertina di Barbara Pellizzari, Giuseppe Facciotto (disegno) e Flavio Ferron (colore)
Graphic designer: Alice Iuri / theWorldofDOT

Illustrazioni pagine iniziali e finali di Barbara Pellizzari (disegno) e Flavio Ferron (colore) | Mappe di Caterina Giorgetti (disegno) e Flavio Ferron (colore)

Illustrazioni della storia di Elena Grigoli (disegno) e Francesco Castelli (colore)
Coordinamento artistico di Flavio Ferron
Assistenza artistica di Tommaso Valsecchi
Grafica di Chiara Cebraro

Da un'idea di Elisabetta Dami
www.ildiariodelleteasisters.it

Anno 2017 - 2018 - 2019 Edizione 1 2 3 4 5 6 7 8 9 10 11 12 13 14 15

Stampa: ELCOGRAF S.p.A.
Via Mondadori, 15 - Verona

Questo libro è stato stampato
su carta certificata FSC®

MISTO
Carta da fonti gestite in maniera responsabile
FSC® C115118

Tea Stilton

Il segreto dell'Amicizia

PIEMME

Una mattina perfetta

Come ogni **MATTINA**, la sveglia rosa di Colette **SQUILLÒ** alle sette e mezzo in punto. Pamela fu la prima ad alzarsi e, zittito il trillo, si avvicinò alla finestra e scostò le tende, lasciando entrare qualche **RAGGIO** di sole. Colette lentamente si stropicciò gli occhi e salutò la compagna di stanza con un **'BUONGIORNO'** che assomigliava molto a uno sbadiglio. Come ogni mattina, le ragazze si prepararono velocemente e ***RAGGIUNSERO*** Nicky, Paulina e Violet in mensa.

Le cinque studentesse fecero COLAZIONE tra chiacchiere e risate e poi si diressero verso l'aula nella quale si teneva la prima lezione della giornata.

Come ogni MATTINA, quella era una mattina perfetta, in cui le piccole abitudini e i soliti appuntamenti si SUSSEGUIVANO colorando la vita delle Tea Sisters e rendendola piena di sorrisi, allegria e amicizia!

– Il professor Show non ci ha SVELATO ancora nulla a proposito dello spettacolo di fine corso... – fece notare Pamela percorrendo il corridoio insieme alle amiche.

– Hai ragione, chissà quale testo ci proporrà di mettere in scena quest'anno – rifletté Colette.

– Guardate! Qualcosa mi dice che scopriremo presto che cosa ha in mente! – osservò Nicky, indicando con lo SGUARDO l'insegnante

che si dirigeva verso l'aula reggendo un grande **SCATOLONE** dall'aspetto piuttosto pesante.
Le ragazze **ACCELERARONO** il passo e insieme agli altri compagni presero posto in aula per la lezione.

Appena il chiacchiericcio degli studenti si fu placato, il professor Show cominciò a tirare fuori dallo scatolone il materiale che aveva portato e a disporlo sulla cattedra.
– Sono stato in biblioteca e ho preso alcuni libri e film che conoscete bene – svelò il professore agli studenti perplessi. – Mi sono fatto dare una mano dalla vostra insegnante di Letteratura, la professoressa Rattcliff!
– Peter Pan! – esclamò Pamela scorgendo uno dei romanzi che aveva riletto più volte.
– Il mago di Oz! – le fece eco Violet. – E Pippi Calzelunghe, Romeo e Giulietta...
– Ci sono anche i dvd delle versioni musical dei TRE MOSCHETTIERI e di Mary Poppins – osservò Colette contenta. E poi continuò:
– Ma come mai li ha portati qui, professore?

Robert Show SORRISE:
– Servono per lo spettacolo che metteremo in scena alla fine del semestre!
– Per mille bielle sbiellate, tutti insieme??? – esclamò perplessa Pamela, facendo scoppiare tutti a ridere.
Poi gli studenti si fecero nuovamente ATTENTI e silenziosi, mentre il professore spiegava il progetto: – Per il nostro spettacolo di fine anno, OGNUNO DI VOI dovrà portare sul palco una scena tratta da un libro o da un FILM.

Mary Poppins

Romeo e Giulietta

Mago di Oz

– Un libro o un film scelti da noi? – chiese allora Craig.

– CERTO! – annuì Show. – Vi dividerete in gruppi, sceglierete le parti che più vi piacciono e le metterete in scena!

Violet commentò PENSIEROSA: – Io non so se ce la farò...

– Non ti preoccupare, avrete tutto il tempo per prepararvi – disse l'insegnante con tono rassicurante – Lo spettacolo andrà in scena alla fine del corso.

Violet allora ARROSSÌ e rispose con un grande sorriso: – Intendevo dire che non so se ce la farò a scegliere la mia scena preferita...

... ci sono così tanti libri e film che amo!!!

SCEGLIERETE VOI LE SCENE!
CHE BELLA IDEA!
CE LA FARÒ?
FANTASTICO!
UAU!

Scelta fatta!

Come aveva detto Violet, i libri e i film che gli allievi di Topford **amavano** erano tantissimi, e scegliere una sola scena da rappresentare non sarebbe stata un'impresa semplice.

Per questo motivo, quello stesso pomeriggio le Tea Sisters si diedero **APPUNTAMENTO** in giardino e iniziarono a confrontare le idee.

– La mia scena ***preferita*** è senza dubbio il momento in cui Romeo e Giulietta scoprono di essersi **INNAMORATI!** – esclamò Colette.

– E che cosa ne pensate dell'attimo in cui **Dorothy arriva nel paese di Oz?** – ribatté Paulina.

– A me piace molto la parte in cui PIPPI CALZELUNGHE incontra quelli che poi diventeranno i suoi migliori amici! – propose Nicky.
– Oppure quando il ***Piccolo Principe*** capisce che è il tempo che ha dedicato alla sua rosa ad averla resa così **IMPORTANTE**... – sussurrò Violet.

– E invece che cosa ne dite di **Peter Pan?** – aggiunse Pamela.

– Mmmh, questo libro deve piacerti davvero! – sorrise Paulina. – Non hai nemmeno proposto una **SCENA PRECISA**...

Pamela ridacchiò: – Hai ragione, in effetti di questa storia mi piace proprio tutto, sorella!

– In effetti, quella di Peter Pan è una bellissima **storia di amicizia** – sorrise Violet.

– E romantica! – aggiunse Colette.

– Ma anche di **AVVENTURA!** – commentò Nicky.

– E allora... – iniziò Paulina.

– ... allora, se siamo tutte d'accordo, è deciso: la nostra scelta per lo spettacolo sarà **PETER... PAM!** – scherzò Colette.

A quelle parole, le cinque amiche scoppiarono a ridere e si abbracciarono SODDISFATTE: avevano scelto il loro progetto!
Come le Tea Sisters, anche il GRUPPO formato dalle Vanilla Girls ed Elly e quello composto da Craig, Ron, Shen, Vik, e Tanja, erano arrivati a una DECISIONE: le prime avrebbero interpretato una scena tratta dal romanzo 'Piccole donne', mentre i secondi avrebbero messo in scena 'I tre moschettieri'.

Nei giorni che SEGUIRONO, gli studenti si occuparono dei diversi aspetti della messa in scena, dalle scenografie ai copioni, ai costumi e alle coreografie musicali.
E così, l'atmosfera che si respirava tra i corridoi di Topford iniziò a SOMIGLIARE sempre più a quella che si vive dietro le quinte di un vero teatro.

– Eccomi qui! – annunciò Colette RAGGIUNGENDO Violet, Nicky e Paulina in Aula Magna e reggendo tra le braccia stoffe di ogni colore. – Ho tutto quello che ci OCCORRE per creare dei fantastici costumi di scena!
Poi Colette si guardò attorno: – Volevo cominciare da quello di Pamela, ma non la VEDO...

– Ha detto che ci avrebbe raggiunto dopo aver chiamato suo fratello Vince – spiegò Nicky guardando l'OROLOGIO. – Ma in effetti è già passata quasi un'ora...

– Sarà stata una telefonata più lunga del previsto – ipotizzò Violet.

– D'accordo – annuì Colette. – Allora intanto mi occuperò degli altri personaggi!

Era molto probabile che Violet avesse ragione, eppure Colette era un po' pensierosa... il suo 'sesto senso da amica' le diceva che Pamela ultimamente era DIVERSA, aveva lo sguardo un po' assente e sembrava spesso assorta nei propri pensieri.

E fino a quel momento, il sesto senso di Colette non aveva mai sbagliato...

VA BENE COSÌ?
NON VEDO L'ORA DI SALIRE SUL PALCO!

Dov'è Pam?
Al telefono con Vince...
Sarà in arrivo...

IL SEGRETO DI PAMELA

Pamela amava la storia di Peter Pan da prima ancora di IMPARARE a leggere.
Le meravigliose avventure del ragazzino che non voleva crescere e che viveva in un luogo fantastico le erano state raccontate dalla sua mamma e, tutte le sere prima di ADDORMENTARSI, la piccola chiedeva sempre ai genitori di leggerle un PEZZO di quella storia emozionante.

La parte che la ragazza amava più di tutte, era quella in cui Peter conosceva Wendy e i suoi fratelli, un gruppo di ragazzini che vivevano a Londra, con i quali stringeva un'amicizia che diventava sempre PIÙ PROFONDA via via che la storia andava avanti.
Così Pam, a distanza di tanti anni, non poteva che essere FELICE di impegnarsi assieme alle sue migliori amiche nella messa in scena di quella storia.
E in effetti era felice, MA...
– Mi pare che questa volta sia andata bene! – osservò Paulina, sfogliando il COPIONE con aria soddisfatta.
– Sì, stiamo decisamente migliorando! Ma abbiamo ancora un bel po' di tempo per provare prima dello SPETTACOLO, continuiamo a impegnarci, ragazze!

– Peter *Pam*, tu che cosa ne pensi? – scherzò Colette, notando che l'amica pareva assorta tra sé e sé.
– IO? EH? CHE COSA?! – domandò Pamela riemergendo dai suoi pensieri.
– Come ti sembra che siano andate le prove di oggi? – provò a insistere Colette, cercando di RIACCIUFFARE l'attenzione dell'amica. – Secondo me manca un po' di emozione: insomma, Peter Pan sta salutando Wendy e i suoi fratelli, e non sa quando li rivedrà... è una scena molto COMMOVENTE.
– Sì... sì, hai ragione – annuì distrattamente Pamela, prendendo il cellulare e controllando che non fossero arrivati nuovi messaggi.
– Ho una super idea: perché non andiamo a fare merenda alla Pasticceria Daisy e continuiamo a parlare lì? – propose allora

Colette, intenzionata a capire come mai l'amica fosse tanto SFUGGENTE.

– Avviatevi, io vi raggiungo subito – si affrettò a rispondere Pamela. – Devo fare prima una telefonata URGENTE...

– Okay, fermi tutti! – esclamò allora Colette.
– Pam, che cosa sta succedendo? Tu sei sempre entusiasta quando si tratta di andare a fare merenda da Tamara!
Solo in quel momento Pamela si rese conto che il suo COMPORTAMENTO degli ultimi giorni doveva essere sembrato strano agli occhi delle amiche.
– PERDONATEMI, in questo periodo ho tanti pensieri – ammise la ragazza senza esitare. – Sapete, da qualche settimana mio fratello Vince si sta OCCUPANDO della nuova pizzeria e pare che le cose non stiano andando molto bene...
Pamela raccontò alle amiche che mesi prima la sua famiglia aveva deciso di aprire una nuova pizzeria come quella di **New York** ma nella città di Philadelphia, e che suo fratello

Vince si era offerto di trasferirsi da solo laggiù e occuparsi di tutto.

– Gestire una PIZZERIA è sempre stato il suo sogno, ma non è facile, e lui lo sta facendo da solo – terminò di **spiegare** la ragazza.

– Bisogna fare pubblicità al locale, accogliere i clienti, cucinare ovviamente...

– **Certo che non è facile!** – sospirò comprensiva Paulina. – E Vince inoltre è da **SOLO** in una città che non conosce!

Pamela annuì: – Scusate se non ve ne ho parlato prima e se vi è sembrato che fossi distratta e **NON MI IMPEGNASSI** nello spettacolo...

– Non dirlo neppure per scherzo! – obiettò Violet. – Siamo noi che ci scusiamo per non aver capito **SUBITO** che qualcosa ti preoccupava!

– Essere amiche non significa non sbagliare mai – disse Nicky, **DIRIGENDOSI** verso la porta del teatro. – Ma cercare comunque un modo per rimediare agli errori!

– Ricordati che ***noi ci siamo sempre, per te!*** – aggiunse Paulina con un grande sorriso.

Poi, facendo cenno a Nicky, Violet e Paulina di ***SEGUIRLA***, Colette continuò: – Mentre tu

Puoi dirci tutto!
Siamo amiche!
Puoi sempre contare su di noi!
Siamo qui...

telefoni, noi andiamo a prendere i tuoi muffin preferiti e li portiamo qui, così faremo merenda **TUTTE INSIEME** e, se vorrai, ci racconterai che cosa ti ha detto Vince!
Pamela sorrise. Essere amiche significava anche avere sempre...

... QUALCUNO SU CUI CONTARE!

La fine del giorno

Colette era davvero convinta che a Pamela avrebbe fatto bene parlare di quello che la **PREOCCUPAVA**: anche i pensieri pesanti, infatti, diventano un po' più leggeri se vengono condivisi **con chi ci vuole bene!**
Colette, però, sapeva che alla sua amica avrebbe fatto **MOLTO BENE** anche distrarsi e pensare ad altro.
Così, durante il giorno, Colette si assicurava che l'amica fosse **IMPEGNATA** con le prove per lo

spettacolo, le uscite e le CHIACCHIERATE con le altre Tea Sisters.

E questo piano sembrava funzionare, perché apparentemente Pamela era un pochino più serena...

– Oggi ho assistito alle prove delle Vanilla Girls – disse Nicky, USCENDO dal teatro con le compagne. – La loro messa in scena di 'Piccole donne' è molto bella!

– Anche gli altri stanno dando il meglio – le fece eco Paulina. – Il brano dei 'Tre moschettieri' che hanno scelto è molto coinvolgente!

– Sarà uno spettacolo indimenticabile! – osservò Colette.

– Adesso che cosa ne dite di concludere questa giornata con una bella PASSEGGIATA sulla spiaggia? – propose Nicky. – Tra poco il sole TRAMONTERÀ!

– Ottima idea, ci sto! – rispose Pamela indirizzando all'amica un gran SORRISO.
Sapeva bene che le Tea Sisters stavano cercando in tutti i modi possibili di riempirle le giornate con piccole attenzioni e **MOMENTI DIVERTENTI**, e già solo questo era sufficiente per farla sentire meglio.
Così, le ragazze *CORSERO* al fuoristrada di Pam e si diressero verso una delle zone dell'isola chc amavano di più, lì dove il sole si tuffava nell'acqua azzurra tingendola di arancione.

Violet respirò l'**ARIA** che sapeva di sale:
– Nicky, hai avuto un'idea davvero magnifica!
– Sono d'accordo – annuì Pamela. – Questa passeggiata CI VOLEVA...
Prima che potesse terminare la frase, però, un TRILLO proveniente dallo zainetto che aveva portato con sé richiamò improvvisamente la sua attenzione. La ragazza allora estrasse il cellulare e vide che suo fratello le aveva appena inviato un **messaggio**.
– Oh, no! Vince mi ha appena scritto che sta pensando di abbandonare la pizzeria e tornare a **New York!** – rivelò Pamela preoccupata non appena ebbe letto il messaggio.
– Ma quella pizzeria è il suo sogno! – obiettò Violet. – Perché non chiede aiuto ai vostri genitori? Non dico per sempre, ma almeno per i primi tempi...

COME SI STA BENE QUI!
IL TRAMONTO È STUPENDO!
OH, NO...

Pamela sospirò: – Gliel'ho suggerito anche io, ma Vince è TESTARDO e preferisce chiudere il suo sogno in un cassetto, piuttosto che CHIEDERE AIUTO ai nostri genitori. Non vuole ammetterlo, ma credo abbia paura di DELUDERLI e perdere la loro fiducia... Io sono la sola a sapere come stanno davvero le cose, ai nostri fratelli e sorelle non ha ancora detto nulla!

A quelle parole, le altre Tea Sisters abbracciarono la loro amica per farle CORAGGIO.

– È meglio andare, ora – suggerì infine Pam – Tra un po' sarà BUIO...

Un momento prima di salire sul fuoristrada dell'amica, Colette si soffermò ancora una volta a guardare il cielo.

Ormai non c'era più traccia del sole al tramonto e, SCRUTANDO l'azzurro che si faceva sempre più scuro, la ragazza avvertì una strana sensazione di tristezza: come se quella non fosse SOLTANTO la fine di un giorno, ma di qualcosa di più **IMPORTANTE**...

Un muffin per mille pensieri

La sveglia rosa SQUILLÒ alle sette e mezzo in punto e Colette si rigirò nel letto, certa che di lì a pochi secondi la sua compagna di stanza avrebbe l'avrebbe SPENTA e poi si sarebbe diretta a passi silenziosi verso la finestra, per aprirla e far ENTRARE nella stanza la luce di un nuovo giorno.

Quella mattina, però, non iniziò come tutte le altre. Colette aspettò qualche secondo, poi aprì gli OCCHI e spense la sveglia. Mentre si chiedeva come mai non lo avesse fatto Pam, si accorse che l'amica non era nel suo letto. E in effetti... non era nemmeno nella stanza!

Nonostante quell'ASSENZA fosse strana, Colette si disse che non c'era nulla di cui preoccuparsi: Pam doveva essersi svegliata prima del solito per fare una PASSEGGIATA, oppure per ripassare la parte di Peter Pan! Quella mattina non c'erano lezioni, ma la ragazza era sicura che avrebbe INCONTRATO la sua compagna a colazione insieme a Paulina, Nicky e Violet. Così Colette si preparò e RAGGIUNSE le amiche nella mensa di Topford.

– Buongiorno, Cocò! – la salutò Violet vedendola entrare. – Pam sta ancora DORMENDO?

Colette guardò il tavolo e si accorse che i posti occupati erano solo TRE: – Veramente, io credevo di trovarla qui!
– Non vi siete viste stamattina? – chiese perplessa Paulina, appoggiando sul tavolo la sua TAZZA di tè.
Colette scosse la testa: – No, e non so davvero dove sia: le ho mandato un messaggio ma non mi ha risposto!
Le ragazze si scambiarono un'OCCHIATA, poi senza dire una parola si alzarono e fecero l'unica cosa che c'era da fare: andarono subito a CERCARE la loro amica!
Intanto, poco lontano dal College di Topford, in un vicoletto FIORITO che le Tea Sisters conoscevano bene, all'interno di una pasticceria che ormai era quasi una seconda casa per gli studenti, Pamela sorseggiava una tazza di

Pam dov'è?
Credevo di trovarla qui!
Che strano...

latte tiepido, SEDUTA DA SOLA al tavolo che di solito occupava con le sue amiche.
– Un muffin per i tuoi pensieri! – scherzò Tamara avvicinandosi alla studentessa, intenta a giocherellare con il cellulare appoggiato sul tavolo. Poi, prendendo una sedia dal tavolo accanto, si sedette di fronte a quella che considerava non solo una cliente della pasticceria, ma una vera e propria amica, e continuò: – Non voglio DISTURBARTI, ma mi sei sembrata pensierosa, e allora ho pensato di venire a chiederti se va tutto bene...
– Grazie... – rispose Pamela abbozzando un lieve SORRISO. – In effetti, sono venuta qui proprio per riflettere un po'.
– Di certo non si tratta di problemi con le Tea Sisters, siete troppo unite per litigare davvero – rifletté Tamara. – Esami in vista?

– No, no – rispose la ragazza. – Si tratta di mio fratello, ha qualche PROBLEMA con il suo nuovo lavoro e io vorrei tanto aiutarlo, così come sono certa che lui farebbe con me, ma la situazione è un po' delicata e non so bene quale sia la cosa giusta da fare...

– Capisco – annuì Tamara. – Bisogna avere cura delle persone **a cui si vuole bene** e fare tutto ciò che si può per dare loro un mano.

Pamela **SOSPIRÒ**, come se le parole dell'amica avessero confermato un pensiero che già le **rigirava** in mente.
– C'è qualcosa che potresti fare per aiutare Vince? – domandò Tamara mentre si alzava per **ANDARE** ad accogliere un gruppo di clienti che stava entrando in quel momento.
Pamela fece **timidamente** segno di sì con la testa: – Una cosa ci sarebbe... Non è facile ma posso almeno provarci.
Tamara le sorrise.

Rimasta sola, Pamela **MANDÒ GIÙ** in un solo sorso il latte rimasto e prese lo zaino.
Ora sapeva **che cosa doveva fare** e sapeva anche che farlo sarebbe stato difficilissimo.

Una scelta difficile

– Ma dove eri finita? – chiese Colette vedendo Pamela che rientrava a Topford. – Ti abbiamo cercata dappertutto!

– Scusatemi – rispose la ragazza MORTIFICATA. – Ho fatto una passeggiata per SCHIARIRMI un po' le idee.

– Okay, ma non hai nemmeno risposto ai nostri messaggi – fece notare Nicky. – Cominciavamo a PREOCCUPARCI...

Solo in quel momento Pam si accorse di aver ignorato i messaggi delle amiche: la conversazione con Tamara l'aveva così ASSORBITA da farle dimenticare di rispondere!

– **MI DISPIACE**, mi dev'essere completamente passato di mente – ammise Pamela, ***IMBOCCANDO*** il corridoio che portava al Club dei Delfini.

Violet, Nicky, Paulina e Colette si incamminarono in SILENZIO dietro l'amica. Avrebbero tanto voluto saperne di più su ciò che aveva fatto mentre era via, ma era EVIDENTE che in quel momento Pamela non avesse molta voglia di parlare, e così le amiche decisero di RISPETTARE il suo silenzio.

Qualche ora dopo, però, mentre stavano finendo di scrivere la TESINA di Letteratura, qualcosa fece cambiare loro idea.

Le Tea Sisters, infatti, si accorsero che gli occhi di Pamela si erano fatti LUCIDI.

– Che cosa succede, Pam? – chiese Colette preoccupata. – PERCHÉ PIANGI?

– Su, parla con noi – le fece eco Violet. – Sappiamo che c'è qualcosa che non va!

– Sei ancora in pensiero per tuo fratello? – chiese Paulina.

Raccontaci...
È per Vince?
Cosa succede?
Perché piangi?

– No... cioè, sì... – rispose Pam, un po' in difficoltà. – Sono PREOCCUPATA per Vince, sì, ma non sto piangendo per questo...
– E per che cosa, allora? – la incalzò Colette.
– Lo sai che a noi puoi dire tutto!
– Va bene, prima ve lo dirò e meglio sarà: ho deciso di raggiungere mio fratello a Philadelphia per AIUTARLO con la pizzeria.
– Mi pare una buona idea! – sorrise Colette.
– Potresti approfittare di un fine settimana, e magari chiedere al RETTORE se puoi assentarti per qualche giorno in più, non credo sarà un problema...
– Ma certo! – continuò Violet. – E noi ti aiuteremo a recuperare le LEZIONI perse.
Pamela rimase qualche istante in silenzio.
Sapeva di dover dire tutta la VERITÀ alle sue amiche, anche se farlo avrebbe significato far

diventare il DISPIACERE che provava ancora più forte.

– Ho deciso di trasferirmi a Philadelphia almeno per un anno – rivelò parlando tutto d'un FIATO. – Darò una mano a Vince e intanto frequenterò un nuovo college laggiù.

Il tonfo di un libro che cadeva sul pavimento fu la risposta a quelle parole.

Colette si affrettò a RECUPERARE il grosso volume che le era scivolato dalle mani, continuando a FISSARE l'amica con gli occhi spalancati per lo stupore e la sorpresa.

– Beh, certo non ce l'aspettavamo – ammise Paulina. – Ma è una tua decisione, e anche se ci DISPIACE la capiamo e rispettiamo.
– No, deve esserci un altro modo! – sbottò allora Colette. – NON PUOI LASCIARE TOPFORD, NON PUOI LASCIARE LA TUA VITA QUI, NON PUOI LASCIARE... NOI!
– Non so che cos'altro fare – rispose Pamela con la voce che TREMAVA. – Ci ho riflettuto tanto, e questa mi sembra la scelta più giusta.
Nicky prese la mano dell'amica e la strinse forte: – Hai già parlato con il rettore? Vuoi che ti ACCOMPAGNIAMO?
Pamela accennò un sorriso: – Pensavo di andarci adesso... grazie.
– Io vi aspetto qui – annunciò Colette mentre le amiche si DIRIGEVANO verso la porta. – Continuo a lavorare alla tesina, o non finiremo mai.

Detto ciò, chinò la testa sul quaderno che aveva davanti e iniziò a fissare la pagina bianca, sperando che nessuno notasse le LACRIME che le stavano rigando il viso.

Amiche per sempre

Una volta Colette aveva letto in un romanzo che è più FACILE capire quello che succede intorno a noi, piuttosto che comprendere davvero quello che succede dentro di noi. Aveva pensato subito che fosse una riflessione interessante, ma solo in quel momento, a distanza di tempo, si rendeva conto che era anche profondamente vera.
Una delle sue migliori amiche aveva deciso di TRASFERIRSI all'altro capo del mondo per essere d'aiuto a un suo familiare, compiendo una scelta altruista e CORAGGIOSA, che lei capiva e appoggiava.

Ma se per Colette era semplice comprendere quello che accadeva **INTORNO** a lei in quella circostanza, lo era molto meno capire quello che succedeva **DENTRO** di lei...

Da quando Pamela aveva COMUNICATO le sue intenzioni, infatti, Colette aveva provato sentimenti ed emozioni confusi e contrastanti, che faceva fatica a capire fino in fondo.

La ragazza avrebbe tanto voluto stare vicino all'amica, che di certo stava vivendo un momento DIFFICILE, ma per quanto si sforzasse non riusciva proprio a farlo.

TOC TOC!

– Permesso? – chiese Paulina, facendo capolino nella stanza di Colette. – Tra dieci minuti iniziamo le prove, VIENI al teatro?

– Sì – annuì Colette scendendo dal letto poco convinta. – Arrivo...

Raggiunta l'aula, le due ragazze trovarono le altre Tea Sisters con indosso i COSTUMI di scena, intente a ripassare le battute.

– Ho provato il costume da *Peter Pan* che hai cucito – disse Pamela avvicinandosi alla compagna di stanza. – Hai fatto un ottimo lavoro, è davvero **BELLISSIMO!**

– Grazie – tagliò corto Colette.

Avrebbe voluto comportarsi come sempre con Pam, CHIACCHIERARE e darle il suo sostegno, ma ogni volta che provava a parlare con lei sentiva un NODO ALLA GOLA e le veniva da piangere.
– È vero, sono così belli che prima o poi dovremo organizzare una super FESTA IN MASCHERA per poterli indossare nuovamente! – propose Paulina.
– Quello di Peter Pan però dovrà indossarlo qualcun altro – fece notare Colette. – Pamela per allora non sarà più qui.
A quelle parole, un SILENZIO TRISTE calò su tutta l'aula.
– Magari Pam per allora verrà a trovarci – obiettò Nicky, cercando di SCACCIARE la malinconia.
Colette non sapeva dire che cosa stesse pro-

vando in quel momento, sapeva solo che aveva voglia di piangere e di scappare via da lì:
– Pam non tornerà a trovarci... frequenterà un nuovo college, conoscerà nuove amiche e si dimenticherà di noi! Proprio come succede a Peter Pan e Wendy che prima di salutarsi si ripromettono di vedersi ogni primavera, ma poi Peter vive nuove avventure con nuovi amici e finisce per DIMENTICARSI DI LEI!

– Non è vero! – sbottò Pamela.
– Questo non succederà mai, voi siete troppo importanti per me, non potrò mai dimenticarvi!
– Se siamo così importanti, perché vai via? – domandò Colette trattenendo le LACRIME che le riempivano gli occhi.

E fu allora, discutendo per la prima volta con la sua migliore amica, che la ragazza riuscì a dare un nome preciso ai sentimenti che provava. Era dispiaciuta, aveva il cuore a pezzi, ma era anche ARRABBIATA, perché non poteva fare a meno di sentirsi abbandonata da una delle amiche a cui voleva più bene al mondo!

– Io... non me ne vorrei andare... – sussurrò Pamela con lo sguardo basso. Poi, con la voce che VACILLAVA, continuò: – Ho paura che mi mancherete troppo e che non ce la farò ad affrontare tutto da sola...

Colette allora si asciugò le lacrime e si fece incontro all'amica ALLARGANDO le braccia: – Scusami, sono stata un'egoista, ho pensato solo al MIO dispiacere e non a quello che provavi tu...

Evviva!!!
Scusami!
Vi vorrò sempre bene!

Quelle parole sincere e quell'abbraccio fecero scivolare via tutta la RABBIA.

– Noi non ci dimenticheremo mai le une delle altre – disse Violet UNENDOSI all'abbraccio.

Nicky la imitò: – Saremo amiche per sempre!!!

Paulina tese le braccia per CORRERE subito a stringere tutte le altre:

più che amiche... sorelle!

VISITA IMPREVISTA A TOPFORD

Anche quella mattina, la sveglia squillò alle sette e mezzo in punto. Pamela la spense e si AVVICINÒ alla finestra per aprirla e far entrare nella stanza il tiepido SOLE del mattino.

La ragazza compì quei gesti senza quasi pensarci, poi si VOLTÒ verso il letto di Colette, e solo allora si accorse che... era vuoto!

TOC TOC!

– BUONGIORNO! – salutò Colette entrando nella stanza seguita da Paulina, Nicky e Violet. – Oggi alla COLAZIONE ci pensiamo noi!
Detto fatto, le ragazze entrarono nella stanza e Paulina stese ai piedi del letto una coperta PATCHWORK.
– Io ho le brioches! – annunciò Nicky che reggeva un vassoietto pieno di dolci.
– E io il TÈ CALDO! – aggiunse Violet mostrando un thermos.
– Che bello! – sorrise Pamela prendendo posto sulla coperta. – Una colazione-picnic!
Colette si sedette accanto all'amica e ripensò alle settimane appena trascorse: lei e le altre Tea Sisters avevano aiutato Pamela a preparare i documenti per il TRASFERIMENTO in un college di Philadelphia e avevano approfittato

COLAZIONE IN CAMERA!
BRIOCHES PER TUTTE!
CHE BELLO!

di ogni occasione per stare INSIEME, in modo da raccogliere nella mente quanti più ricordi possibile.
C'erano state le prove dello spettacolo di fine anno, i POMERIGGI di studio, le merende in pasticceria, le passeggiate e le gite al mare: insomma tutto quello che fino a quel momento aveva reso SPECIALE la loro vita a Topford e la loro amicizia!
– Ieri ho parlato di nuovo con Vince – raccontò Pamela PRENDENDO una brioche. – Gli ho spiegato che mi serve ancora qualche giorno per organizzarmi con gli scatoloni, ma che al più presto arriverò a dargli una mano.
– Stai facendo una cosa bellissima – disse Colette. – Questa scelta ci rende tutte molto tristi, ma anche tanto orgogliose di te!
– Non sarà FACILE avere a che fare con quel-

ISCRIZIONE AL NUOVO COLLEGE
TANTE FOTO RICORDO
SCRIVICI, SCRIVICI, SCRIVICI!

la testa dura di mio fratello, già lo so! – scherzò Pamela. – MA ME LA CAVERÒ, e ogni volta che avrò bisogno di conforto e sostegno chiamerò voi!

– Telefono, mail, videochiamate e messaggi – si AFFRETTÒ a dire Paulina. – Noi ci saremo sempre... puoi anche mandarci un piccione viaggiatore!

Proprio in quel momento il **cellulare** di Pam prese a squillare.

– Ciao, Vince!– salutò la ragazza. – **COME?! DOVE?! QUANDO?!**

Sentendo tutte quelle domande le altre Tea Sisters si fecero attente, in attesa che l'amica RIVELASSE loro il motivo di tanta sorpresa.

– Vince sta arrivando a Topford! – annunciò Pamela chiudendo la conversazione. – Tra poco il suo traghetto attraccherà al porto!

– Ma che cosa ci fa qui? – chiese Nicky. – Lo sapevi che sarebbe VENUTO?

– No, mi ha fatto una sorpresa! – spiegò la ragazza. – È venuto per aiutarmi con i bagagli e il TRASLOCO, così quando tutto sarà pronto partiremo da qui insieme!

Pamela rivolse alle amiche un sorriso dietro cui si nascondeva anche un po' di TRISTEZZA: da un lato era felicissima di rivedere il fratello, ma dall'altro stava realizzando che ormai la sua partenza da Topford era imminente.

Appena finita la colazione, le cinque amiche raggiunsero il porto, e una volta lì non ci misero molto a scorgere Vince, appena sceso dall'aliscafo.

– **FRATELLONE!** – chiamò Pamela facendo un cenno con la mano e affrettando il passo. I due si salutarono con un lungo e affettuoso **abbraccio**.

– Sono contento di rivedervi! – esclamò il ragazzo rivolgendosi alle Tea Sisters.

– Anche noi! – rispose Colette.

– Fratellone, **SEI ARRIVATO** giusto

IN TEMPO per le prove di oggi! – annunciò Pamela, raggiante.

– PROVE DI CHE COSA? – chiese lui.

Nicky sorrise: – Dello spettacolo più bello che tu abbia mai **VISTO!!!**

Si va in scena!

La famiglia di Pamela e Vince era molto unita e i due ragazzi avevano IMPARATO sin da bambini a darsi una mano e a sostenersi nei momenti di DIFFICOLTÀ.

Era per questo motivo che Vince, saputo che la sorella aveva deciso di lasciare Topford per trasferirsi a PHILADELPHIA e dargli una mano con la pizzeria, non ci aveva pensato due volte ed era corso a restituirle il favore, aiutandola a ORGANIZZARE la partenza.

Dopo un pomeriggio passato a inscatolare libri e riviste,

Pamela annunciò: – E con questo, dovremmo aver finito!

– ABBIAMO FATTO UN OTTIMO LAVORO! – esclamò Vince sorridendo a Colette, Nicky, Paulina e Violet. – Voi cinque siete davvero un'ottima SQUADRA!

– Beh, non possiamo negarlo – ridacchiò Pam.

– Insieme possiamo affrontare...

... qualsiasi cosa!

– Come lo SPETTACOLO di stasera – osservò Vince. – Non vedo l'ora di vedervi sul palcoscenico!

Paulina GUARDÒ l'orologio: – Oh-oh... Mi sa che se non ci sbrighiamo assisterai allo spettacolo di noi che arriviamo IN RITARDO sul palco!

– Andate, qui finisco io – propose Vince chiudendo un altro SCATOLONE.

– Ci vediamo in teatro!

Le Tea Sisters non se lo fecero ripetere due volte, e si PRECIPITARONO a prepararsi. Tenevano tutte in modo speciale a quello spettacolo, perché sapevano che probabilmente sarebbe stato l'ULTIMO a cui avrebbero partecipato tutte e cinque insieme.

Il teatro era affollatissimo: studenti e insegnanti si erano accomodati in sala e adesso

non vedevano l'ora di APPLAUDIRE gli allievi del professor Show.
Le prime a esibirsi furono le Vanilla Girls.
Della storia di *Piccole donne*, avevano scelto la scena in cui Meg, Jo, Beth e Amy decidono di **comprare** con i loro risparmi un regalo per la loro mamma.

Il pubblico **AMMIRÒ** in silenzio le ragazze recitare, e alla fine della scena l'applauso che scoppiò fu accompagnato persino da qualche LACRIMA di commozione.

A riportare l'ALLEGRIA in sala ci pensò il gruppo formato dagli altri amici delle Tea Sisters.

Gli studenti infatti avevano RIELABORATO la scena più celebre del musical 'I tre moschettieri', esibendosi in una coreografia molto movimentata e COINVOLGENTE!

Infine, giunse il turno delle Tea Sisters.

Le cinque amiche avevano scelto una delle scene finali del libro, quella in cui Peter Pan, prima di tornare sull'Isola che non c'è, promette a Wendy e ai suoi fratelli che si rivedranno ogni PRIMAVERA.

Sul palco, le ragazze erano state impeccabili, coinvolgendo gli spettatori e portandoli nel CUORE della storia. Nel momento in cui Colette-Wendy stava per salutare Pamela-Peter Pan con la promessa di RIVEDERSI, però, accadde qualcosa di imprevisto.

– Non mi dimenticherai, vero Peter? – chiese Colette.

NON MI DIMENTICHERAI, VERO PETER?

Dopo quella domanda, Pamela rimase in SILENZIO un istante più del necessario: in base al copione, a quel punto lei avrebbe dovuto assicurare all'amica che non l'avrebbe mai dimenticata, ma le parole non volevano saperne di USCIRE!

Mentre gli occhi le si riempivano di lacrime, Pamela guardò le sue amiche in costume di scena ATTORNO a lei e non poté fare a meno di pensare che quella storia che aveva sempre amato non era più una storia qualsiasi, ma era diventata LA SUA STORIA.

La storia di una ragazza che lascia le amiche a lei più care.

Se il pubblico non si accorse di quell'istante di ESITAZIONE, però, non fu così per le altre Tea Sisters, che istintivamente mossero tutte un passo verso Pamela.

Non CI dimenticherai, vero Peter, nel tempo che ci separa dalla primavera? – ripeté Colette prendendo una mano dell'amica tra le sue. E poi, improvvisando, aggiunse: – Per noi ci sarà sempre una primavera.

Pamela deglutì e SORRISE tra le lacrime: – No, non vi dimenticherò...

Poi si allontanò dal gruppo e SPARÌ leggera dietro le quinte, seguita dagli applausi del pubblico in sala.

IL MOMENTO DEI SALUTI

La voce di Vince risuonò dietro le quinte:
– BRAVISSIME! SIETE STATE BRAVISSIME!
Pamela si stropicciò gli occhi, ancora lucidi per le LACRIME, e sorrise al fratello: – In realtà avremmo potuto fare meglio, se io avessi recitato subito le mie battute invece di restarmene lì IMBAMBOLATA...
– E invece è stato tutto perfetto – obiettò Colette. – Il tuo silenzio ha dato alla scena l'emozione di cui aveva bisogno!
– Sono d'accordo, sono molto orgoglioso di voi! – concordò il professor Show raggiungendo le allieve a spettacolo terminato.

Poi, rivolgendosi a Pamela, continuò:

– **SEI STATA LA MIGLIOR PETER PAN CHE ABBIA MAI VISTO!**

– Grazie! – arrossì Pamela.

Solo in quel momento la ragazza si accorse che **DIETRO LE QUINTE** e nel teatro non era rimasto quasi nessuno: – Ma... dove sono tutti?

Domani mattina parto e pensavo di salutare i professori e gli altri studenti alla fine dello SPETTACOLO di stasera...

A quelle parole, Colette scambiò un cenno d'intesa con le amiche e prese Pamela per mano, invitandola a seguirla.

– Ehi ma dove stiamo ANDANDO? – chiese Pam perplessa.

Per tutta risposta, Colette fece un SORRISETTO furbo e continuò a camminare con le altre Tea Sisters, fino a raggiungere il Club dei Delfini.

Una volta lì, la ragazza aprì la porta e fece SEGNO all'amica di entrare.
– Che cosa ci facciamo qui? – domandò Pam, ritrovandosi nella stanza BUIA e silenziosa. – Avete dimenticato qualco...

– SORPRESAAAAA!!!

Un coro di voci si levò all'improvviso, mentre le luci si accendevano rivelando una fantastica FESTA a sorpresa!
– Gra-grazie... – disse Pam con un filo di voce.
La professoressa Rattcliff si avvicinò alla sua allieva e la abbracciò: – CI MANCHERAI tanto Pamela, ma sono certa che ti troverai bene nel nuovo college!
– Sul buffet laggiù ci sono TUTTI i tuoi dolcetti preferiti – spiegò Colette, fiera di quella festicciola di addio che lei e le amiche erano

riuscite a **organizzare** in tutta fretta e in gran segreto.
Pamela si asciugò una lacrima e rispose: – Siete le **amiche migliori del mondo!!!**
– Sono d'accordo con mia sorella – intervenne Vince. – Sapevo che Pamela amava questo college e le sue amiche, ma solo ora capisco davvero **PERCHÉ**.
– Beh, perché questo college ama lei! – rispose Shen stringendo l'amica in un forte abbraccio.
– Non ti dico che **CI MANCHERAI**, perché ci sentiremo così spesso che sarà come averti ancora qui con noi!
– **Mi sembra un ottimo piano!** – rispose Pamela quasi commossa.
– Questo è per te... – disse Elly avvicinandosi all'amica e porgendole un libro.
Pam lesse il titolo sulla copertina e sorrise:

Ci mancherai!
Ti vogliamo bene!
Buona fortuna!
Questo è per te!

– UNA COPIA DI 'PETER PAN'... GRAZIE!
– Così ogni volta che sfoglierai questo libro penserai a noi...
– Ma io penserò SEMPRE a voi! – obiettò Pam stringendo la compagna. – Grazie, è un pensiero bellissimo.
La ragazza si guardò ATTORNO con attenzione: in quella stanza erano raccolti tutti quelli che avevano reso bellissima la sua vita a Topford, e per ringraziarli non esistevano parole adeguate.
– Sembra che a Pamela la FESTA sia piaciuta – osservò Paulina avvicinandosi a Vince, che da quando erano arrivati lì era diventato stranamente SILENZIOSO.
– Sì, è felicissima – annuì Vince. – Pam è una ragazza sempre allegra, ma quando è con voi... non so come dire... è come se brillasse!

Detto ciò il ragazzo si diresse al buffet per prendere qualche altro pasticcino.
Paulina lo **OSSERVÒ** con attenzione. Non lo conosceva bene, ma le sembrava che mentre si allontanava, la sua **ESPRESSIONE** fosse cambiata e il suo sguardo si fosse fatto all'improvviso serio.

– A che cosa pensi? – domandò Colette notando che l'amica sembrava assorta nei propri pensieri.

Paulina scrollò le spalle e SORRISE: – Niente, niente, una sciocchezza!

– Allora raggiungiamo le altre, PRESTO! – la incoraggiò l'amica.

Colette aveva ragione: Pamela doveva essere il loro unico pensiero e...

... QUELLA FESTA ERA TUTTA PER LEI!

Una lettera per ogni occasione

Da quando aveva saputo che la sua migliore amica sarebbe partita, Colette aveva imparato **una cosa importante**: aveva capito che il dispiacere può assumere forme diverse.
All'inizio il suo **DISPIACERE** era stato tristezza e basta. Poi, quando Colette si era concentrata solo sui propri sentimenti, il dispiacere si era trasformato in **RABBIA**.
E adesso, a poche ore dalla partenza di Pamela, quel dispiacere era diventato nostalgia, buoni propositi e voglia di rendere il tempo rimasto insieme alla sua amica *davvero speciale!*
E così, con le altre Tea Sisters, Colette aveva

organizzato un momento speciale per Pam alla *Pasticceria Daisy*, per ricordarle quanto fosse forte il legame che le univa.

– Dovrebbe arrivare a momenti – disse Nicky sorseggiando una **FRAPPÈ** alla fragola.

– Nel messaggio che le ho mandato le dicevo di venire qui esattamente... a quest'ora – disse Colette gettando un OCCHIO alla porta che si era appena aperta. – E infatti, eccola!

Pamela individuò subito le amiche, sedute al solito tavolo, e le raggiunse.

– Abbiamo pensato che prima della partenza sarebbe stato bello TRASCORRERE un po' di tempo insieme – raccontò Paulina.

– SOLO NOI CINQUE: LE TEA SISTERS! – le fece eco Nicky.

– Sai, tu ci mancherai tantissimo, ma ci mancherà anche NON POTER ESSERE CON TE quando avrai bisogno di noi... – confidò Violet.

– Ed è per questo che ti abbiamo preparato un regalo! – svelò Colette porgendo a Pamela una SCATOLA decorata con tante foto che le ritraevano tutte insieme e sorridenti.

– **Una scatola dei ricordi! Bellissima!** – esclamò contenta la ragazza mentre ammirava le FOTO che ricoprivano la scatola e ripensava a ogni singolo momento immortalato.

– Che cosa aspetti? **APRILA!** – la esortò emozionata Paulina.

Pamela non se lo fece ripetere due volte e **SOLLEVÒ** il coperchio.

– Ma queste sono... lettere? – chiese la ragazza. – Sono tutte per me???

Colette spiegò: – C'è una lettera per quando ti sentirai TRISTE, una per quando sarai FELICE, una se ti sentirai...

– Per ogni emozione proverai, troverai una *lettera* scritta da noi! – spiegò Nicky.

– Così sarà come essere ancora insieme – concluse Violet. – E non TI DIMENTICHERAI di noi...

Pamela fece un sorriso TRISTE: aveva un pensiero che la tormentava ormai da giorni, e non ce la faceva più a TRATTENERLO.

– Voi avete paura che io mi dimentichi di voi – disse tutto d'un FIATO alle amiche. – Ma io ho paura che sarete voi a dimenticarvi di me!

Pamela sospirò, come se finalmente si fosse tolta un peso dal CUORE.

Poi proseguì: – Voi sarete insieme e farete tante cose belle e divertenti... e anche se mi volete bene non potrete certo pensarmi sempre, e finirete con lo scordarvi della vostra amica Pam...

– Ma noi non possiamo SCORDARCI di te, è impossibile – rispose Colette porgendole un fazzoletto. – Tu sei dentro di noi, nel nostro cuore, e non dobbiamo averti vicino per sentire la tua presenza!

Detto ciò, la ragazza tese il braccio e posizionò la mano al centro del tavolo. Violet fece lo stesso, APPOGGIANDO la sua mano su quella di Colette. Poi fu il turno di Nicky, di Paulina e infine di Pamela.

Restare UNITE non sarebbe stata un'impresa facile, ma loro cinque ci avrebbero messo

TUTTA LA FORZA DELLA LORO AMICIZIA!

AMICHE PER SEMPRE!!!

LA COSA GIUSTA

Il tempo volò e dopo la MERENDA, un po' di chiacchiere e ancora qualche momento di COMMOZIONE, le Tea Sisters si incamminarono verso il college.

Prima di raggiungere le amiche per l'appuntamento in *pasticceria*, Pamela aveva lasciato a Vince il compito di caricare i bagagli sul fuoristrada, in modo che al suo **RITORNO** tutto fosse pronto per raggiungere il porto.

– Come prima cosa, quando arriverai a PHILADELPHIA,

devi scattare tante FOTO o girare un video della casa dove abitate – raccomandò Paulina, raggiungendo insieme alle amiche il cortile davanti all'ingresso di Topford. – Così noi potremo immaginarti lì, in camera tua a studiare o in cucina a PREPARARE i muffin, e sentiremo che anche se siamo lontane in fondo siamo ancora vicine!

– Ottima idea, sorelle! – rispose Pamela. – Vi prometto che sarà la prima cosa che farò!

– E poi vogliamo vedere anche la pizzeria, il college che frequenterai, e le strade in cui PASSEGGERAI! – continuò Violet.

– Promesso – assicurò Pamela. – Faremo tante videochiamate e vi porterò in GIRO con me... così sarà un po' come passeggiare insieme!

– Dove avete appuntamento tu e Vince? – domandò Colette.

Pamela si DIRESSE verso il parcheggio del college: – Dobbiamo vederci al fuoristrada, ormai dovrebbe aver finito di caricare i bagagli...
Al loro ARRIVO nello spiazzo riservato alle automobili di studenti e insegnanti, però, le ragazze ebbero una sorpresa.
– Direi che bagagli qui non ce ne sono – notò Paulina dando un'OCCHIATA stupita all'auto dell'amica, nella quale non era stato riposto né uno scatolone né una valigia.
– CHE STRANO... Il nostro volo è nel pomeriggio, avevamo deciso di partire per tempo... – disse Pamela perplessa. Poi, dopo aver cercato di contattare Vince al cellulare senza riuscirci, si DIRESSE decisa verso il college dicendo: – Mi dispiace chiedervelo ma... in caso potete darmi una mano voi con i bagagli?
Le amiche annuirono e così le Tea Sisters

si diressero tutte insieme verso la stanza che Pamela **DIVIDEVA** con Colette.

Se la sorpresa nel trovare il fuoristrada vuoto era stata tanta, ancora più **grande** fu la meraviglia che le Tea Sisters provarono quando ***ENTRARONO*** nella stanza e la trovarono... piena!

– Ma... – esitò Pamela. – Com'è possibile? Tutti i miei libri... sono tornati al loro posto nella libreria!

– Se è per questo, anche i tuoi vestiti – osservò Colette APRENDO l'armadio che condivideva con l'amica e notando che la parte riservata ai suoi ABITI era tornata ad affollarsi di capi comodi e colorati.

– Quindi tuo fratello non solo non ha caricato gli scatoloni sul FUORISTRADA, ma li ha svuotati!!! – concluse Paulina.

– E perché avrebbe dovuto fare una cosa del genere??? – domandò Pam. – Ci avevo messo un sacco di tempo a IMPACCHETTARE tutto quanto!

– Ha rimesso a posto ogni più piccola cosa – notò Violet. – Anche i tuoi appunti sulla scrivania e le fotografie sugli scaffali!

Ma che succede?
I tuoi vestiti sono qui!
È tornato tutto a posto!

– Deve averlo fatto mentre noi eravamo in pasticceria – concluse Paulina, iniziando a intuire il motivo per cui Vince le era parso improvvisamente pensieroso durante la festa a sorpresa ORGANIZZATA in onore della sorella dopo lo spettacolo.

– Ehi, qui c'è un BIGLIETTINO! – annunciò Nicky prendendo una busta appoggiata sul cuscino e PORGENDOLA all'amica.

– *Carissima Pam, ho impiegato un po' a capire qual era la cosa giusta da fare, ma ora non ho dubbi. Ti aspetto all'imbarco del traghetto per un super abbraccio di arrivederci. Il tuo fratellone, Vince* – lesse Pamela ad alta voce. – CHE COSA VORRÀ DIRE?

Che significa quell'"arrivederci'? Non vuole più che **PARTA CON LUI?**

– Mi sa che per **SCOPRIRLO** non possiamo fare altro che... andare al molo! – propose Colette richiudendo l'armadio.

Senza aggiungere altro, le ragazze si diressero verso la porta: avevano tante domande e le risposte di certo non si **TROVAVANO** dentro quella stanza!

L'inizio di un sogno

Mentre percorreva con le amiche la strada che dal college CONDUCEVA al porto, tanti pensieri affollavano la mente di Pamela.
Il comportamento di suo fratello le sembrava INCOMPRENSIBILE, e per quanto si sforzasse di provare a trovare una spiegazione a quella situazione imprevista, la ragazza non ci riusciva. Perché Vince l'aveva aiutata a inscatolare tutte le sue cose e adesso invece le aveva scritto quel messaggio MISTERIOSO in cui le diceva *arrivederci*?
Dopo aver parcheggiato l'auto, le Tea Sisters si PRECIPITARONO verso il molo.

– Eccolo! – esclamò Paulina scorgendo Vince che le salutava da lontano.

La prima cosa che Pamela notò, una volta RAGGIUNTO il fratello, fu che Vince era sorridente e sembrava tranquillo e sereno.

Molto più SERENO di come le era apparso nei giorni precedenti.

– Che cosa sta succedendo? – gli domandò subito Pamela, decisa ad andare DIRITTA al punto della questione.

Vince allora si sedette su una panchina e fece cenno alla sorella di prendere posto.

– Ho riflettuto molto – esordì il ragazzo. – E ho CAPITO che non puoi partire con me e trasferirti a Philadelphia.

– Perché no? – chiese Pamela. – Avevamo già deciso, io... io voglio AIUTARTI a realizzare il tuo sogno!

– Lo so, e IO TE NE SONO GRATO! Ma non è giusto che per aiutare me a realizzare i miei sogni tu rinunci ai tuoi – proseguì Vince. – La tua vita qui è meravigliosa perché l'hai resa tale con tanto impegno, facendo diventare il college la tua casa e le tue amiche la tua famiglia... io NON VOGLIO che tu debba dire addio a tutto questo.

– Ma... – esitò Pamela.

Le parole che le sembravano così CHIARE in testa, non riuscivano a uscirle di bocca.

– Sono sicuro che è questa la scelta giusta – concluse Vince, ANTICIPANDO le obiezioni della sorella.

– E tu come farai con la pizzeria? – chiese

Pamela, preoccupata che quella decisione COSTRINGESSE Vince a mettere da parte un progetto a cui teneva tanto.

– Ho seguito il consiglio che mi hai dato al telefono la PRIMA VOLTA che ti ho raccontato che le cose a Philadelphia andavano male – rivelò Vince. – Ho telefonato a mamma e papà.

Il ragazzo raccontò di aver **SPIEGATO** ai genitori la situazione, e di aver scoperto che tutti i suoi timori di **DELUDERLI** erano infondati.
– Mamma e papà non hanno perso la fiducia in me – **SORRISE** il ragazzo. – Abbiamo parlato, e alla fine insieme abbiamo deciso che

Spike e Jo verranno a Philadelphia ad aiutarmi per i PRIMI TEMPI, finché le cose non inizieranno a migliorare.

– Quindi ti aiuteranno i nostri fratelli? – chiese Pamela, CONFUSA da quel cambiamento improvviso di programma. – Non c'è bisogno che io venga con te, sei sicuro?

Vince guardò la sorella, poi lanciò un'occhiata alle altre Tea Sisters: – Sì, sono sicuro. Tu resterai qui con le tue amiche e continuerai a renderci ORGOGLIOSI di te!

– E noi ti promettiamo che verremo a trovarti e a mangiare la tua pizza a Philadelphia molto molto presto! – intervenne Colette.

– CI CONTO! – rispose Vince. Poi guardando l'orologio aggiunse: – Adesso però devo sbrigarmi, altrimenti l'aliscafo PARTIRÀ senza di me!

Pamela gettò le BRACCIA al collo del fratello e lo strinse con affetto e gratitudine. Quell'**abbraccio** significava *arrivederci*, e *grazie*, ma soprattutto:

PER TE IO CI SARÒ SEMPRE!

EVVIVA!
GRAZIE, FRATELLONE!
CHE BELLO!

Un normalissimo giorno speciale!

Come ogni MATTINA, la sveglia rosa di Colette SQUILLÒ alle sette e mezzo in punto. Pamela fu la prima ad alzarsi e, zittito il trillo, si avvicinò alla finestra e scostò le tende, lasciando entrare qualche RAGGIO di sole.
Colette lentamente si stropicciò gli occhi e salutò la compagna di stanza con un **'Buongiorno'** che assomigliava molto a uno sbadiglio. Come ogni mattina, le ragazze si prepararono e RAGGIUNSERO Nicky, Paulina e Violet in mensa.
Come ogni mattina, per le Tea Sisters iniziava un nuovo normalissimo giorno speciale!

Le ore di lezione trascorsero veloci e, come accadeva spesso da quando i bagagli di Pamela erano stati **DISFATTI** e il suo volo aereo per Philadelphia cancellato, le Tea Sisters si recarono in quella che ormai consideravano la **LORO** spiaggetta.

– Ehi ragazze, **MI HA SCRITTO VINCE!** – esclamò Pamela mentre le amiche si sedevano sul telo da **SPIAGGIA**. – Ha mandato altre foto della pizzeria!
Colette, Violet, Paulina e Nicky si avvicinarono all'amica per **VEDERE** le immagini sullo schermo del cellulare.

– Guarda quanti clienti! – osservò Colette, indicando una delle FOTO.

– E quelle pizze hanno un'aria davvero appetitosa! – aggiunse Nicky, guardandone un'altra.

Pamela SORRISE commossa: – Sono davvero felice, sorelle!

Era una frase semplice, ma quelle poche parole contenevano un MONDO INTERO.

– Sono felice per ciò che ha mio fratello e per ciò che ho io – aggiunse guardando le sue amiche con affetto.

Le cinque ragazze rimasero in silenzio, distese sui teli, mentre il sole arancione calava lentamente all'ORIZZONTE.

– Resterei qui per sempre – sospirò dopo un po' Paulina.

– Vi va di fare una cosa, sorelle? – propose allora Pam mettendosi a sedere.

– CHE COSA? – chiese Violet.
– Questo! – rispose Pamela prendendo le mani di Colette e di Violet.
Le due ragazze sorrisero e PRESERO per mano l'una Paulina e l'altra Nicky.
Le Tea Sisters si GUARDARONO senza dire nulla, perché non c'era nulla da aggiungere a ciò che si stavano già dicendo con lo sguardo. Tante erano le avventure vissute insieme, e tante ancora ce ne sarebbero state. Così come TANTI sarebbero stati i giorni normali... che sarebbero diventati speciali!

SPECIALI, PERCHÉ LORO ERANO INSIEME!

PIÙ CHE AMICHE... SORELLE!

INDICE

VITA AL COLLEGE

Leggere è un'avventura emozionante!
Segna tutti i libri della tua collezione!

1 L'amore va in scena a Topford!
2 Il diario segreto di Colette
3 Tea Sisters in pericolo!
4 Sfida a ritmo di danza!
5 Il progetto super segreto
6 Cinque amiche per un musical
7 La strada del successo
8 Chi si nasconde a Topford?
9 Una misteriosa lettera d'amore
10 Un sogno sul ghiaccio per Colette
11 Ciak si gira a Topford!
12 Top model per un giorno
13 Missione "Mare Pulito"
14 Il codice del drago
15 Il club delle poetesse
16 La ricetta dell'amicizia
17 Gran ballo con il principe
18 Il fantasma di Castel Falco
19 Campionesse si diventa!
20 Più che amiche... sorelle!
21 Un matrimonio da sogno
22 Cinque cuccioli da salvare
23 Il concerto del cuore

1
2
3
4
5
6
7
8
9
10
11
12
13
14
15
16
17
18
19
20
21
22
ISOLA delle BALENE

ISOLA delle BALENE

1. Osservatorio astronomico
2. Faraglioni dei Gabbiani
3. Spiaggia degli Asinelli
4. Clinica veterinaria “Cuccioli felici”
5. Locanda di Marian
6. Monte Franoso
7. Picco del Falco
8. Spiaggia delle Tartarughe
9. Fiume Patella
10. Bosco dei Falchi
11. College di Topford
12. Grotta del Vento
13. Circolo Velico
14. Accademia della Moda
15. Scogli del Cormorano
16. Bosco degli Usignoli
17. Biblioteca Comunale
18. Porto
19. Villa Marea: laboratorio di biologia marina
20. Impianti fotovoltaici per l’energia solare
21. Baia delle Farfalle
22. Scoglio del Faro

TOPFORD
1
2
3
4
5
6

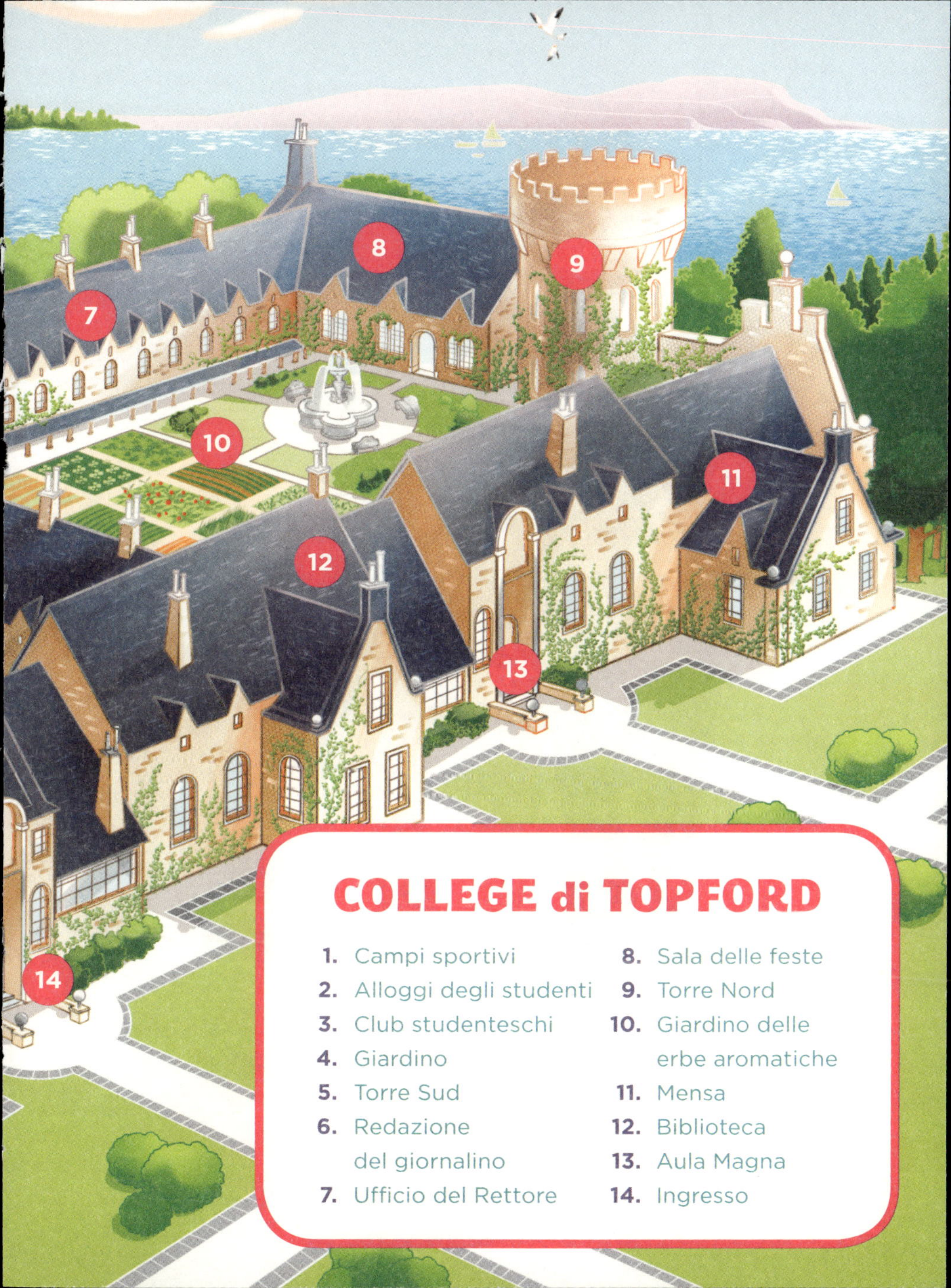

COLLEGE di TOPFORD

1. Campi sportivi
2. Alloggi degli studenti
3. Club studenteschi
4. Giardino
5. Torre Sud
6. Redazione del giornalino
7. Ufficio del Rettore
8. Sala delle feste
9. Torre Nord
10. Giardino delle erbe aromatiche
11. Mensa
12. Biblioteca
13. Aula Magna
14. Ingresso

Arrivederci alla prossima avventura!

Scoprite tutto sul mondo delle Tea Sisters su www.ildiariodelleteasisters.it